종이배

종이배

초판 1쇄 인쇄 2010년 01월 10일
초판 1쇄 발행 2010년 01월 20일

지은이 | 한영주
펴낸이 | 손형국
펴낸곳 | (주)에세이퍼블리싱
출판등록 | 2004. 12. 1(제315-2008-022호)
주소 | 157-857 서울특별시 강서구 방화3동 822-1 화이트하우스 2층
홈페이지 | www.essay.co.kr
전화번호 | (02)3159-9638~40
팩스 | (02)3159-9637

ISBN 978-89-6023-327-0 03810

종이배

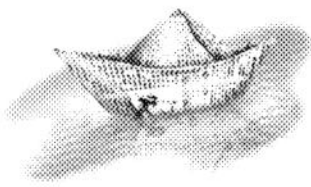

한영주 두번째 시집

ESSAY

프롤로그

첫 시집을 출간하고 2년 만에 새 시집을 출간하게 되었습니다. 체육교사로 근무하면서 틈틈이 쓴 시라 부족함이 많습니다. 하나의 시를 쓰기 위해 하나의 마음을 세상에 드러내는 것이 아름다운 도전이었습니다.

아름다운 도전의 중심에는 아이들이 있었습니다. 아이들과 만나는 하루하루가 시의 일상이 되었습니다. 아이들과의 행복한 전쟁, 그 중심에서 아름다움을 갈구하게 만든 힘도 아이들이었습니다.

세상은 아름다운 일로 가득합니다. 어떤 세상에 어떤 발자국, 그 안에 담을 수 있는 어떤 시각은 아름다움입니다. 아이들이 바라보는 세상이 아름답기를 갈망합니다. 끊임없이 채찍질하는 아이들의 마음이 있기에 오늘도 마음은 아름다움을 빚어내라고 갈구합니다. 이런 아이들의 마음이 있어 고맙습니다.

2009년에 함께했던 아름다운 마음을 기억함으로 이 글을 마칠까 합니다.

> 1학년 7반, 함께했던 아름다운 마음은 가은, 예슬, 예은, 혜원, 솔, 소영, 지수, 보린, 혜린, 수안, 효경, 예린, 예지, 주연, 수빈, 승미, 지현, 혜지, 하은, 가현이와 준수, 성민, 재식, 근후, 민우, 연섭, 영준, 준일, 진혁, 형민, 상민, 희태, 동우, 수종, 용탁, 해빈, 원준, 은기, 홍준, 승훈, 준석, 규하이다.
>
> 함께여서 행복했다. 그리고 고맙다. 얘들아!
>
> 그리고 수업하며 보냈던 많은 아이들과 발산중학교에 있는 아름다운 마음들아! 고맙다.

2009년 12월

한영주

차례

제1부 종이배

제2부 노을

제3부 그림자

제 4 부 가을

종이배

한영주 두번째 시집

종이배
눈 오는 운동장에
산낙지
첫눈 오는 날
갈대
새꽃
겨울나무
너
파도
새야
어쩜 나도
비가 내린 후
국화
어머니
호수공원 산책하는 사람들
나무야
한 장의 낙엽에 쓰인 글
정답
생일
나무는
가을, 후문에 나무이고 싶다
지금은 사랑할 때
점 하나로 별이 되는
삶
보름달
두물머리
기도
인동초
지리산 천왕봉에 하늘이 꽂혀 있다
이유 없이 살아가는 날은 내게는 없다
당신은 그렇게 왔습니다
내안의 상처
다름이 있어 행복하다
좋은 날
그리움이 목마르다
죄
아직은 가야 할 때

제1부

종이배

종이배

2학기 기말고사를 보는 중에
시험지를 다 푼 한 아이가
주섬주섬 시험지를 접더니
이내 종이배 한 척을 만들었다
책상 위에 세워 놓고
배 안에는 텁텁한 공기와 답안지를 실었다
떠나고 싶은 마음이야
어찌 이 교실뿐이겠는가
어찌 이 시험뿐이겠는가
풍랑은 잠잠했고
세상은 물결쳤다
그래도 떠나지 못하는 종이배가
그대로 책상 위에 정박해 있었다
노 저어 줄 사람도 없이
혼자의 힘으로 떠나는 여행
눈빛을 새겨 넣는 곳마다
무수히 많은 문자들이 새겨졌다
끝도 없는 항해
그 시작도 하기 전에
배는 힘없이 쓰러졌다
나아가지 않으면
떠나가지 않으면

쓰러지는 세상
종이배를 일으켜 힘겹게 세운 한 아이가
물결치는 세상 속으로
엄지손가락 돛을 세우고
항해를 시작할 때
기적처럼 먼 곳에서 종소리가 들려왔다

눈 오는 운동장에

눈 오는 운동장에
아이들이 모여 든다
쉬는 시간, 그 짧은 순간에
운동장은 눈밭이 되고
눈을 보기 위해 모여든 눈들이
운동장을 가득 메웠다.
내리는 눈 속을
따뜻한 입김이 채우고
아이들이 펼쳐놓은 두 손에
눈송이가 소리 없이 내리고
이내 한 방울의 물로 녹았다
먼 길 달려와서
한 방울의 물이 되어도
아이들의 눈과 마음은
새하얀 눈으로 가득하다
운동장의 발자국마다 찍혀있는 추억이
아이들의 머리마다 앉아있는 마음이
일상의 시계바늘을 뛰쳐나와
눈 오는 운동장에
삼삼오오 모여
가슴 깊이 쌓이는 눈송이 도장을
꽉 찍었다

산낙지

횟집에서 산낙지 한 접시를 시켰다
다리고 몸통이고 잘려 나온 산낙지가
눈물겹다
토막이 나도
서로가 엉겨 붙은 채
떨어지지 않는다
아는 걸까?
젓가락이 쪼여오는 죽음
보이지도 않는 곳을 향해
단지 한 몸이었다는 것만으로
그 절실함만으로
서로를 껴안은 산낙지
다리를 곧추 세우고
서로를 껴안고 있어도
어찌할 수 없는 죽음 앞에
빨간 순혈을 토해내듯
초고추장에 버무린 토막 난 산낙지는
죽음의 아가리 속으로 빨려 들어갔다
몇 토막의 생살을 씹는 아가리 속
어느덧 세상이 씹힌다

첫눈 오는 날

첫눈 오는 날
수억 개의 눈이 내리는 날
그 만큼의 추억이 부서지고 있다
쌓이기도 전에
녹아야 했던 그 따뜻함
쌓여오는 바람의 무게가
매섭게 휘몰아쳐도
바람 꼬리 잡고 선 나그네의 손에
수억 개의 추억이 물방울 하나로
사라지는 아픔만 쓸쓸하다
시작보다 끝이 힘들었던 사람
첫눈은 쌓이는 게 아니라
사라져가는 아픔일 뿐
첫눈이 겨울나무에 싹을 틔우고
꽃 피우기 전
또다시 겨울나무로
쓸쓸하다
첫눈 오는 날이면
추억은 쌓이는 게 아니라
따뜻함으로
한참을 녹아내린다

갈대

바람이 핥고 가는 갈대밭에
쓰러질 듯 온 몸 내어주고
다시 꿋꿋하게 일어서는
연약한 듯하면서도
센 바람 겹겹이 쓸고 갈 때면
꺾일 듯 꺾이지 않는
하나의 갈대가 되어보려 합니다
빛바랜 시간을 책장 속에 끼워두기엔
낱장의 추억이 힘겨워
가끔은 갈대밭에 하나의 갈대로 서 있고 싶습니다
서로의 몸 비벼가며
그들과 하나가 되어보려 합니다
꺾이지 않겠다는 의지쯤으로 여기고
어느 강가를 산책하다 한 무리의 갈대를 볼 때
갈대 하나쯤은 그대로 인해 흔들린다고
그대와의 시간을 바람에 흩날리며
흔들린다고
떠난 뒤
낱낱이 걸었던 발자국이 힘겨워
지금도 어느 강가에서
하나의 갈대로 흔들린다고

새꽃

잔설이 남은 가지에
몇 마리의 참새가 앉았다
새꽃이다
한 가지에서 다른 가지로
서너 마리의 참새가
가지마다 옮겨다니며
새꽃을 틔운다
향기 대신
짹짹짹 노래를 틔우기도 하고
잠들었던 가지를 흔들어 깨우기도 하고
새꽃이
이른 아침에 말갛게 단장을 하고
깃털을 다듬더니
이내 날개를 펴고 날아간다
새꽃이 바람에 날린다
땅으로 추락하는 낙엽이 아니라
바람이 부는 데로
이 곳 저 곳 옮겨다니는
새꽃이다
지지 않는 나그네꽃이다

겨울나무

겨울나무에게 쓸쓸하냐고 묻지 마라
가을 햇살 반쯤 뱉은 바람도
겨울옷 짜서 덮은 하늘도
무심히 지나쳐 가는 게
겨울나무다

겨울나무에게 외로우냐고 묻지 마라
가늘어진 햇살도
틔워낼 새싹조차 숨어서
이 겨울 혼자의 몫으로 남는 게
겨울나무다

겨울나무에게 그리우냐고 묻지 마라
거북이 등껍질처럼 갈라지고 터져도
껍질 깊숙이 새 생명 이어가는
질긴 그리움을 언 땅 깊숙이 끌어올리고 있는 게
겨울나무다

겨울나무에게 아무것도 묻지 마라
왜 쓸쓸하냐고
왜 외로우냐고
왜 그리우냐고
다만 한 그루 겨울나무가 되어라

너

나와는 다른 사람
그래서 설레는 사람
먼 길 찾아와서
눈빛 한 번 보고가도
따뜻하게 하는 사람
돌아설 때
어느새
두 눈 가득
아쉬움으로 그리는 사람
나와는 달라서
그래서
좋은 사람

파도

겹겹이 주름지고
밀치고
밀어내고
이랑의 높이가
높아졌다
낮아졌다
삶의 굴곡이
바다를
덮었구나

새야

새야
푸른 앞마당 넓고 넓구나
어느 날
가슴 안에 가두고
날기를 바라는 건
헛된
욕망이었구나

어쩜 나도

어쩜 나도
한 아이의 상처였는지 모른다
바람이 찢어놓은 상처로
한 아이의 상처가 깊어져 있다는 것도
내뱉는 바람에도
칼끝은 한 아이의 심장을 찌르고 있고
먼 산의 그림자조차
구름에 뒤덮인 채
태양은 어느 틈엔가 머리 위에서 벗어나 있다
잠시 멈춰 서서
한 아이의 눈을 깊이 보지 못한 채
한 아이의 눈동자에 얼룩으로 남은
그릇된 형상만 찍혀져 있다
바람은 벌린 입술을 뒤흔들고
칼날이 되어 한 아이의 심장을 찌르는 사이
곁을 지켜보던 나무가
한 장의 잎에 빽빽이 쓴 가을의 노래로
늦은 참회를 전하는 순간에도
이미 나는
한 아이의 상처가 되었다

비가 내린 후

비가 내린 후
땅과 하늘 사이
그 공간에 놓인 풍경이 되지 못하고
자꾸만 진흙탕 속을 허우적거리는
마음이 들 때
두렵다

비가 내린 후
비 그친 후에도
하염없이 내리는 비로
마음의 수위가 높아져서
작은 어깨에 내려앉은 햇살도
힘겨워 비틀거릴 때
두렵다

시시각각
비는 내리고
비에 젖은 세상이
툭툭 털고 일어설 때도
나만이 주저앉아 있을 것 같아
비가 내린 후에도
두렵다

국화

가을 다 머금은
국화와 마주한 사이
살며시 닿는 바람의 느낌
새의 노래가
국화꽃 향기로 날리고
불긋불긋 저녁노을 오려서
국화꽃잎에 붙여놓으니
그대가 또르르 꽃잎 사이로
흐른다
어린아이의 웃음으로 빚은
국화꽃 자태가
한바탕 불놀이하는 서녘하늘 같다
어느 가을밤
어둠으로 밝힌 달이
수줍게 숨은 사이
학교 화단가 국화꽃이
아침이면 그대같이 피어났다
가을의 얘기 머금고
꽃잎마다 내 맘같이
노을 닮다

어머니

어머니
온누리 다 펼쳐두어도
채울 수 없는 마음
오직
어머니라는 이름으로
당신만이 가득합니다

어머니
30년 넘게 살아와도
곁에 있는 누구보다
오직
어머니라는 이름으로
당신만이 전부입니다

어머니
세월의 하얀 머리카락도
세월의 물결이 난 주름도
오직
어머니라는 이름으로
당신만이 아름답습니다

어머니
어떤 삶을 살아도
어떤 마음을 꽃피워도
오직
어머니라는 이름으로
당신만이 내 삶이 됩니다

호수공원 산책하는 사람들

호수공원 둘레를 걷다가
마주치는 눈빛들 모아서
호수에 뿌려놓으니
잔잔한 미소로 가을햇살 끌어안은
수면 위로
태양이 잉크처럼 뚝 떨어져서
물결 따라 노을로 번져든다
산책하는 사람들의 발걸음이
호수 위를 떠가고
자전거의 바퀴가
수면을 헤엄치고
정처 없이 떠도는 바람이
노을빛에 물든 채
가슴으로 안겨온다
수면 위를 반쯤 덮은 노을에
수줍은 듯 고개를 숙이고 있는 갈대는
살랑살랑 몸만 흔들어대고
호수공원 산책하는 사람들
노을 탄 호수물 한 되씩 퍼 담아서
짙게 배인 쓴 가슴 씻고 간다

나무야

나무야
하루만큼 더해진 바람이
흔들어대도 견디어 내는
다 떨어내고
다 비워내고
다시 혼자가 되어도
원망하지 않는

나무야
떠나가는 건
낙엽으로 지는 잎이 아니라
붙들 수 없는 마음이다
보내고 나면 다시 새순이 돋고
새잎이 채워져도
얼마간은 혼자서 견뎌야 하는

나무야
어제보다 더 텅 빈 가지에
남은 한 잎마저 떠나보내도
휘어지거나 꺾이지 않는
텅 빈 가지에 걸어 놓은 것은
잎보다 푸른 하늘이다
비워도 비워지지 않는

한 장의 낙엽에 쓰인 글

겨우내
나뭇가지엔 쓰다만 기억이 남았다

나무는
가을 속에서
꺼지지 않을 것처럼
숨 가쁘게 타올랐다

한두 달 동안
나무는
지지 않고
내 심장과 닮아 있었다

서너 달 후
나무는
심장이 될 수 없었다
발밑에 떨어진 낙엽엔
마음이 없었다

나뭇가지를 붙든 채
한 장의 낙엽에 쓰인 글이
반쯤 지워진 채 남겨졌다
반쪽 마음은 여전히 타올랐다

정답

무엇을 찾으려 하는가
삶이 던진 그 물음표 받아 들고
어디를 헤매고 있는가
곧은 선으로 가는 게
빠르다고 했다
지금의 길은 곧은 선도 아니고
그렇다고 마냥 휘어진 선도 아니다
느리지도 빠르지도 않다
발로 딛는 길이
굽이쳐가는 강물 같아
만나는 인연으로 쉬었다 가도
삶의 들녘을 적실 수 있다면
흐른 듯 흐르지 않는 듯
물음표 커져가도
끝끝내 멈출 수 없는 길에서
내 삶이 정답이었다고
한 번은 울부짖고 싶다

생일

태어났던 날
그 날
울음부터 알았던 날
그 날
어머니의 품에 안긴 채
운 줄 알았던 날
그러나
그 날 울었던 손은
세상이
모질게 잡았던 손이었다
어머니도
옆에서 울고 있었다

나무는

나무는
겨울이 오기 전에
나뭇잎을 한 잎 두 잎 놓아주면서
혼자의 아픔으로 남는다
쓰라린 아픔의 시작은
가을이 끝물을 타는 11월이다
절정의 끝은 언제나 외로움이다
사랑하고 다시 혼자의 시간이
외로움의 절정이다
무성했던 나무에 작은 틈이 생기더니
하룻밤 지나면서
틈이 빠르게 커져간다
바람은 칼끝으로 나무를 찌르고
견디기조차 힘든 나무는
몇 잎의 잎을 떼어낸다
그럴수록 나무는 외롭다
가을이 겨울에 포개지고
바람의 끝이 낙엽으로 두터워지면
언제나처럼 그 자리에 있는 나무는
흔들리고 빈가지로 남아
붙들 수 있는 하늘과
찾아와 주는 몇 마리 산새로
남겨진 시간을 견디려 한다

가을, 후문에 나무이고 싶다

가을, 후문에 나무이고 싶다
마음이 가을볕에 물든 나무였듯이
언제나 바라볼 수 있는 나무이고 싶다
마음을 데워가며
그 마음 드러내 보일 수 없는
예전의 안타까움보다
지금의 그대를 만나
마음도 저 나무를 닮아 있다고
형형색색 보여주고 싶다
시간이 물들수록
나무의 떠나보냄의 흔적이
거리를 덮어가도
그대의 마음으로 가는 이 가을이
물듦의 상태로 머물며
한세월 그대를 위해 서 있다고
한겨울 바람에도 버리지 못한
물듦의 흔적이 남겨져 있다고
가을, 후문에 나무로 보여주고 싶다

지금은 사랑할 때

하늘 저 끝에 맴도는 하루가
붉게 물든 노을로 덮여올 때
손끝에 올려놓은 노을이 타오른다면
지금은 사랑할 때

한 사람의 향기로
가슴에서 쿵쿵될 때
떨림으로 분출하는 그리움이 있다면
지금은 사랑할 때

머리카락에 붙어 있는 갖가지 물음이
바람에 흔들릴 때
어느 누구도 대답해 줄 수 없다면
지금은 사랑할 때

점 하나로 별이 되는

마음이 아프다
생각이 생각을 쫓다
그대로 잠이 들면
밤하늘의 별은 어디로 떠날까
바람은 아랑 곳 없이 날 선 칼날에
머문다
마음은 날 선 칼날에 베이고
쓰라린 달빛만이 창가로 날린다
마음이 흔들린다
별빛이 흔들린다
닫힌 아침의 문은 열리지 않았다
잠들어 있는 시간
손끝의 기억이 춤을 춘다
컴퓨터 자판의 자음과 모음이
어둠 속을 떠돌다가
손끝에 엉겨 붙어 문장을 만든다
별빛은 흔들릴 뿐
별은 제자리에 떴다
아득히 먼 거리에
점 하나로 별이 되고
마음에 그리운 빛이 되는

삶

잡고 있을 수도 없고
놓고 있을 수도 없는

앞을 보면
뒤에 있고

뒤를 보면
앞에 있는

맞는 것도 없고
틀린 것도 없는

숨 쉬는 동안
느낄 수 있고

한 생애
꿈꾸다 가는 것

보름달

하늘에 점하나 찍었더니
컴컴한 밤
그리운 마음
보름달 되었다

두물머리

두 물줄기가 낯선 길을 흘러왔다
지나는 곳마다
낯선 이름뿐인 기억
바위와 나무, 풀, 모래 곳곳에
외롭던 흔적이 남겨졌다
낮은 곳으로 밀어내는
뒷강물이 앞 강물에서
굽이굽이 겹쳐지고
자신과 닮아있는 고독이
강물의 깊이를 만들었다
외로웠을 시간
흘러가는 앞 강물을 보며
멍울지던 가슴을 노을빛으로 태웠다
낯선 곳으로 흐르며
낯설게 들었던 또 하나 물줄기가
하나로 합쳐지는 것은 어렵지 않았다
이름만 다른 하나였던 물줄기는
두물머리 끝
한강이 되었다
어느 날 그대를 만났고
그대의 마음이 흘러오는 사이에
나의 마음은 그대에게 가는
또 하나의 마음이었다

두 마음이 한 마음으로
두물머리 끝
한강은 노을로 타들어갔다

기도

제 소리가 들립니까
이 떨림이 들립니까
합장해도 엇갈림 손금이
가고자 하는 길이
하나의 길이길 바랍니다
운명이 손금에 그어지고
이미 결정되었다 하여도
눈뜨기조차 어려운
내 기도의 소리가 들립니까
이 떨림의 흔적이 들립니까
지워야 했습니다
지나온 청춘이 안쓰러워
마주할 수 없는 거울 속 자신이
두렵기만 합니다
아십니까 시간의 변화
그 속에서 자신조차 어찌할 수 없는 힘
소매에 얼룩진 눈물자국이
그토록 원하던 그대의 흔적입니다
내 안에 녹아서 스며들던 많은 날
청춘의 꽃이 피고
이내 청춘의 꽃잎이 떨어졌습니다
그러기에 내 안에 그대를 위한
소중한 꽃씨를 얻었습니다

내 안에 그대가 꽃으로 피고
꽃잎으로 져서 꽃씨로
다시 꽃씨를 틔울 마음 한복판이
그대 닮은 꽃이 피어나기를
기도합니다

인동초

어떤 날도
당신의 날이 될 수 없는
그 시간을
한 줄의 글로 표현할 수 없는
이 안타까움을 어찌해야 합니다
살아서가 아니라
죽어서 이렇게 기억해야 하는
이 마음은 또 어찌해야 합니다
인생은
자신이 사는 삶 일지라도
오직 자신의 삶이 겪었던 시간은
이 나라에서 태어난 사람들이었습니다
한 사람이 감당하는 시간이
이토록 위대할 수 있다는 것도
당신이 보였던 삶의 노래였습니다
끝내 삶과 죽음 앞에서
인동초 삶을 노래했고
죽음마저 인동초 한그루
국민에게 분양하는
당신을 어찌 보내야 합니까
평화의 비둘기가
한반도 구석구석 날 수 있는
그날을 당신께 선물하기를
이 마음 간절히 바랄 뿐입니다

지리산 천왕봉에 하늘이 꽂혀 있다

산 아래 산이 있다
산 위의 하늘
그 하늘이 품고 있는
구름과 바람
산 아래 산에도 있다
잠시 쉬어가는 구름과 바람
산을 타고 올라오는
이 내음의 여운이
가슴 골짜기로 밀려온다
숨 가쁘게 올랐던
산 아래 길이
산 위의 길을 향해
한 걸음 옮겨 놓는다
지리산 천왕봉에 꽂힌
하늘 속 바람이
바위의 거친 표면을 지나
생동하는 구름을 뚫고
묻혔던 가슴을 열어
산 아래 산에서
산 위에 산으로 올랐던 사람들의
숱한 발자취마다 휩쓸고 간다

지리산 천왕봉엔
하늘이 꽂혀 있다
우리들의 가슴이
하늘에 꽂혀 있다

이유 없이 살아가는 날은 내게는 없다

굳이 찾으려 하지 않아도
매순간 살아있음을 느낄 수 있는
고통이 있다면
솜털이 가리키는 방향 따라
아직 열리지 않는
미지의 세계를 꿈꾸자
그곳에 가닿지 않는 이상
살아야 할 이유는 절실하다
비바람에 쓰러진 갈대의 아우성에
뒤돌아섰다면
비바람이 멈춘 후
다시 그곳에 가서 갈대를 보자
쓰러져서 끝난 게 아니라고
비바람이 거침없이 닥쳐와도
어느 순간 버티고 서 있는
갈대
쓰러져도 왜 일어나야 하는지
쓰러져도 왜 살아가야 하는지
세상에 누워있는 꿈을 뉘여
한숨 쉬며 하루를 살아도
갈대가 그랬듯
쓰러질 수 없는 희망이 있다면
이유 없이 살아가는 날은
내게는 없다

당신은 그렇게 왔습니다

당신은 그렇게 왔습니다
옷깃을 여미는 바람보다
더 빠르게
햇살을 머금은 꽃보다
더 향기롭게

당신은 그렇게 왔습니다
가을 산을 물들이는 산보다
더 붉게
겨울 산을 뒤덮은 눈보다
더 순수하게

당신은 그렇게 왔습니다
제시간 되면 울리는 자명종보다
더 간절하게
조개의 아픔으로 빚은 진주보다
더 아름답게

내안의 상처

상처를 주는 사람도 자신이고
상처를 받는 사람도 자신이다
지나간 흔적은 슬픔의 무늬로
꾸며져 있고
흘러간 아픔은 가슴의 상처로
까맣게 뭉개져 있다
경험하면 경험을 잃고
깊게 박힌 상처를 얻는다
한 손에 쥔 바람에도
아픔의 향기가 나고
가지 끝에 나뭇잎도
따가운 아픔에 흔들린다
바라보면 아픔만 엉겨 붙은
낯 설은 희망이 비웃고
떠도는 마음이
찾으려 한 건 눈물로 가득한
따뜻한 눈
서슬퍼런 칼을 흔드는 계절에
아직도 베어내지 못한
곪은 상처, 그 상처가
계절 따라 깊어가고
눈에 눈물이 물든다

다름이 있어 행복하다

공장 상표를 줄줄이 달고
거리에 쏟아졌던 이름표
아무리 찾아 헤매도
똑같은 표정, 똑같은 미소
다름이 설 수 없는 진열장에
찌그러진 햇볕만이 비춰드네

높은 공장, 낮은 공장
어중간한 공장 틈에서
점점 잃어가는 입가의 주름이
무감정으로 일그러질 때
숨소리마저 의미 없이 떠돌며
마른 입가로 찾아드네

다름을 인정하지 않기에
다름이 있어 아름다운 세상
입가에 미소가 같아도
주름의 개수가 같아도
햇볕이 채워지는 깊이가
파도마다 달라서 아름다운 바다

너와 같음이 아니라
너와 다름이 있어

서로가 하나의 존재로 인정받고
같은 공간, 같은 시간 숨 쉬는 일은
다름의 깊이로 만드는 행복일 뿐
너와 나의 다름이 있어 아름답다

좋은 날

꽃잎 한 장이 날립니다
한 떨기 향기가 달려와
해묵은 시간으로 치근거리다
싫증이 났는지 가고 없습니다
저물녘 논가에 왜가리 한 마리
긴 부리에 걸린 해를 물고
밤하늘 별빛으로 숨어들 때
노랫소리 따라 별빛이
가슴으로 쏟아져 내립니다
앞산은 안개에 덮인 채
쌔근쌔근 잠들어 가고
냇가는 장마로 불어난 물을
쉴 새 없이 흘러 보내고 있습니다
늘어졌던 고무줄 밤도
불 지펴가는 새벽도
새아침을 여는 하늘에
점점 더해가는 빛도
해묵은 시간을 태워가며
서로가 마주한 시간을
빛나는 인연으로 만들기 위한
좋은 날입니다

그리움이 목마르다

컵 안에 '그 리 움' 이라고 썼다

물을 채웠더니

잠긴 '그 리 움' 이 숨 막혀 보여서

단숨에 마셨다

죄

돌을 던졌다
짱돌 하나 들어
한번쯤 던지고 싶었다
던졌다 싶으면
돌은 누군가를 향해 날아갔다
퍽 누굴까
행동은 곧았으나
생각은 어긋났다
불규칙 생각
더 이상 붙들 수 없는
어긋난 생각이 살갗을 뚫고
깊숙이 심장을 찌른다
누구의 심장일까
이건 죄다
행동에 가려진 속죄다
죄 짓고
짱돌 하나 들어 거침없이 던졌다
누군가를 향해
때론 자신을 향해
상처를 상처로 막는
그 방법밖에
죄 지은 마음을 치유할 수 없다
이기심의 미학쯤으로 여기는
손에 쥔 짱돌의 다음 차례는 누굴까

아직은 가야 할 때

아직은 가야 할 때
정해진 길이란 없다
순서 없이 찍어내는 발자국이라도
지금 멈춰서 뒤돌아보기엔
불어오는 바람이 상쾌하다
끝없다
지친 발걸음이 투정부려도
화려한 꽃이 시간을 잡아끌어도
나그네의 발걸음으로
때론 아기의 종종걸음으로
아직은 가야 할 뿐
이대로 주저 않을 수는 없다
산 능선에 태양이 있고
초록의 잎이 무성하다면
아직은 걸어야 할 힘이 있다
하루가 몇 발자국 끝에 있고
사랑이 몇 그리움 끝에 있고
어깨로 받쳐 든 푸른 하늘이
머리 위에 있는 한
아직은 두 주먹에 감싼 열기로
가슴을 데워가며 걸어야 한다

종이배

한영주 두번째 시집

노을
슬픔 속으로 뛰어든 사람
산, 산, 산
빗방울
아찔하다
그대가 그리워서
새 날
손톱 깎기
바람은 아직 멈추지 않았다
등대
끝
편지
고 현익환 선생님을 애도하며
노고단 가는 길
창밖의 하루
수박
숫자로 하는 고백
부엉이 바위
우산 속 그 사람
비속에 나무가 서 있다
마음, 그 마음
어떤 기억
비
바람 한 점
별
시인이고파
그리운 거야
조각 맞추기
보고플 때 하늘에서 비가 내려
꽃과 꽃잎
꽃의 꽃
나의 노래

제2부

노을

노을

마음을 꺼내 보여줄 수 없다

하는 수 없이

서녘하늘

온통 빌려서 물들여 놓았다

슬픔 속으로 뛰어든 사람

한동안 버티고 섰던 사람
나뭇가지에 맺힌 빗방울이
마르기도 전에
또다시 해묵은 슬픔을
꽃처럼 틔워내는 사람
슬픔은 자꾸만 틔워내야 한다며
망설임 없이 비속으로 뛰어든 사람
한참이 지난 후에
그대로 버티고 서 있던 사람
사랑은
오랜 시간 슬픔과 친해져야 한다며
오늘도 슬픔 속에 버티고 섰던 사람
일기예보에 장마는 물러갔다고 하는데
언제쯤 그 사람 가슴 속에는
장마가 끝날까
내일이면
그 사람 걸음에도
청명한 하늘이 담겨질 수 있을까

산, 산, 산

부제 : 낭가파르밧, 그 품속으로

낭가파르밧, 그 자리에
15좌 별이 된 여인이여

당신은
멈추지 않는 불굴의 여인입니다

당신이 불렀던 노래는
저 험준한 협곡을 잠재웁니다

낭가파르밧, 만년설에
하얀 별빛이 쏟아집니다

당신의 이름 앞에
히말라야가 한없이 작게만 보입니다

죽음은 끝이 아니라
영생하는 길이라며

산, 산, 산으로
떠난 여인이여

빗방울

구름을 벗어난 빗방울의
막막한 여행
그건 여행이 아니다
생사를 건 도전이다
수천 번 생각의 흐름 끝에
택한 길
닫혔던 구름의 작은 문을 열고
주저 없이 뛰어내렸다
구름과 땅 사이를 내닫는
생동의 몸짓
살아야 할 이유를 찾는다
깨어지고
다시 환생을 꿈꾸는 건
찰나의 선택
수천 번 되뇌었던
생각의 흐름
끝이다
구름 속 막막한 여정
비 속 울음을 좇는다
한 번의 추락
질긴 과거를 떼어내고
서로가 엉겨 붙은 현재
땅과 만난 후

산산이 조각난 빗방울을 꿰어
하나의 물줄기로 태어났다
내안에 눈물을 꿰어
그리움의 물줄기로 태어난
그대처럼

아찔하다

절벽에 서 있는 것보다
그저 바라보는 그 순간이
아찔하다

절벽에서 떨어지고 난 후 살아야 할 이유보다
멈짓멈짓 떨어질까 주저하는 그 순간이
아찔하다

선택한 순간보다
어떤 것도 선택하지 못한 그 순간이
아찔하다

어떤 일을 꽃피우는 일보다
멈춰서 꽃피기를 기다리는 그 순간이
아찔하다

그대가 그리워서

그대가 그리워서
밤이면 가로수 불빛에
잊혀진 그림자를 불러내곤 합니다

그대가 그리워서
창가로 흘러나온 멜로디의 음표 위에
뜨겁던 시절을 노래하곤 합니다

그대가 그리워서
그때, 그 거리에 발자국을 주워 담아
그대에게 가는 길을 찾아보곤 합니다

그대가 그리워서
쏟아지는 물음표를 제쳐두고
낡은 느낌표 남아있는 가슴으로 들어가곤 합니다

새 날

진흙에 발자국이 박혔다
화석으로 남겼을
시멘트 포장된 길을 걷고
발자국은 바람에 쓸리고
허무의 발자국이 판치는 곳
어제의 발자국이
화석이 되었던 그때
잠깐의 시간조차
연기처럼 사라지는 세상
낯선 길에 낯선 발자국
흔적이 없는
너무도 새 날
꿈을 꾸지 않아도
갈망하지 않아도
과거의 발자국이 없는 길에는
다시 힘내어 걸어야 하고
그렇지 않더라고
발자국이 남을만한 길을
한번쯤은 걷고 싶은 날이면
공룡의 발자국 찾아
되돌아가고 싶다

손톱 깎기

며칠에 한 번은 베어내고
며칠에 한 번은 자라나는

휘어지기 전
잘라야 하는 건 어쩜
자신도 모르게 뻗었던 욕망
끝없는 정진의 자세로
뿌리마저 내어줄 수 없다며
날 선 칼날 앞에
단죄하듯 동강난 손톱은
욕망이었다
숱한 세월, 할퀴었던 삶의 벽을
허물지도 못한 채
어딘지도 모를 곳
욕망의 바닥으로
튄다
정진이라니
욕망이라고
몇 번을 잘라내는

며칠 만에 깎은 손톱
불가항력
그럴수록 손톱 깎기가 두렵다

바람은 아직 멈추지 않았다

도심 속
쉼 없이 오고 가는 발자국 속에도
바람은 있다

어지럽던 날
거리에 누워있는 그림자의 주머니 속에도
바람은 있다

호수가
겹겹이 출렁거리는 이랑의 높낮이 속에도
바람은 있다

대나무 숲
초록의 눈이 잠들어 있는 밤에도
바람은 있다

바람은
아직 멈추지 않았다

등대

한 척의 배가

풍랑을 타고 흔들린다

망망대해

둘러보아도 맘 둘 곳 없는

밀려오고 밀려가는

이랑의 높이가 산처럼 높다

동서남북

바다의 한 지점에 정박하기엔

섬도 흘러가는 밤

별빛이 추락하는 밤바다

하나, 둘 꺼져가는 시간을

뚫어져라 내닫는 한 척의 배가

정박하고자 하는 섬은

바다로 채워져 숨쉬기조차

버겁다

사람이 사람을 그리다

바다로 가고

바다에 표류하다

떠밀리고 흔들리다

수 세월 낚아 올린 별빛으로

등대를 켜는

한 척의 배에 별빛이

만선이다

아! 귀항이다

끝

'시작' 의 반대말은
'끝' 이라는 사람
그럼 '끝' 의 반대말은
'시작' 이라니
그건 아니라고 말하는 사람
애초부터 '시작' 하지 않은 거라고
물결처럼 밀려든
어쩔 수 없는 흔들림이었다고
'시작' 이 없는 사랑
그리움만 있는 사랑
'시작' 이 없는 '끝' 만 알게 한 사람
한걸음이 끝나고
멈췄으니
'시작' 이 '끝' 이고
'끝' 이 '시작' 일 수 있는 사람
그런데 기억나는 건
'끝' 이라는 말
'시작' 보다 앞서 간
'끝' 에 선 사람이
보고픈 건 왜일까?

편지

연필 쥔 손이 풀어내는 언어로
사랑을 말한다
지워지는 것은 두렵지 않다며
미끄러지듯 가는 인생
점 하나 찍고
한참을 망설이다
이게 끝이 아니라고
다시금 쉼표 하나 찍고
그럴 거라고
지금은 지쳐서 잠시 쉬고 있는 거라고
사연의 고개를 몇 번 넘다보면
날카롭던 연필심이 뭉뚝해지고
그럴 때면 서로를 이해할 수 있다고
한참을 길게 써 내려간 편지지에
채울 수 있는 건 마침표 하나와
여전히 자리를 지키고 있는 쉼표
그리고
너무도 간절한 느낌표 한 개

고 현익환 선생님을 애도하며

첫발의 설레임이 잊혀지기도 전에
마지막 걸음이 되어줄 한 장의 사진이
우리내 흐느낌이 될 줄
가슴이 메어옵니다
그대로 인해
교정을 뒤덮은 푸른 물결은
여전히 6월의 햇살 속에
어제처럼 타오르고 있습니다
지칠지 모르는 열정이
운동장의 모래알로
가슴에 밟힙니다
바람에 찢겨지는 아픔을
하나, 둘 깁던 나날은
하늘로 날아가기 위한 준비였나 봅니다
이 순간이
마지막 배웅이 되겠지만
이 순간이
마지막 인사가 되겠지만
그대를 떠나보낼 시간은 만들지 않겠습니다
그대가 잊혀지는 시간은 만들지 않겠습니다

사랑하는 이의 마음
푸른 날개에 가득 실어
저 아픔 없는 학교로
외롭지 않게 날아가소서

그대가 있어 행복했습니다

노고단 가는 길

차를 타고 뱀처럼 휜 길을 달려
성삼재에 도착했다
눈 아래 낮은 인간의 세상이
먼지처럼 깔려있고
흔들림 없이 지켜선 나무가
푸른빛을 날마다 찍어내고 있다
구름은 발밑으로 깔리고
바람은 허리를 감싸고
돌계단을 오르는 다람쥐 등엔
노고단 지도가 바람에도
지워지지 않을 세월동안 남아있다
쌓아올린 돌탑은
노고단을 오른 사람들 가슴으로
뛴다
지울 수 없는 아픔도
안개와 구름의 경계에 갇혀
사라지게 하는 노고단 가는 길
줄지어 선 나무의 배웅을 받으며
낮은 세상 고약한 냄새 다 쏟아내고
나무 등줄기 어루만지는 손에
짙은 향기 배어오는

노고단 길섶에
이름도 낯선 꽃잎이 웃고 있다
저 멀리 떠밀리고
저 높이 떠다녀도
내 곁에 머문
산새소리가 정겹다

창밖의 하루

밤새 꿈속을 뒤척이다
눈을 뜬 창밖의 하루
지나는 사람들 손에
허무의 밤이 들려져 있고
낮게 깔리는 바람에
갈 길 잃은 그림자만 분주하다

산다는 건
꿈속을 헤매다
현실 속에 깨어나는 일
가슴에 지워진 희망을
날마다 빛으로 꾸겨 넣는 일
기억의 공간에
잊혀진 날들이 가득하다

어느 날
까치 한 마리가 나무을 떠나
뿌리 채 흔들리는
그림자 곁으로 와
부리로 흙을 파낸 후
아침 해를 옮겨 심고
노래로 덮는 하루
창밖의 하루가 흥겹다

수박

쪼개진 수박은 뻘겠다
초록에 검은 테 두른 모습이
이제야 이해가 간다
누구의 마음으로
속이 뻘겋게 타버리고
그것도 모자라 검게 탄 흔적이
초록을 긋고 있다
뻘겋게 탄 속을
수저로 긁어 먹으면서
내가 아니라서
그저 수박일 뿐이라고
탄 속으로 한때는 탔던
내 속을 식힌다
뻘건 수박에 눈물의 흔적도 있다
누군가의 마음에
흐르지도 못한 눈물이
검게 변하고 난 후
씨앗이 되고
가슴에 맺히기도 전에
뱉어버린 그 무심한 날도
서럽다 눈물 한 번 흘리지 못하고
그대로 뻘건 속에 촘촘히 굳어버린
눈물의 씨앗이

한 통의 수박에 가득하다
내 속은 어떨까?

숫자로 하는 고백

하나, 하나 뿐인 마음으로

둘, 둘이라면

셋, 세상을 다 줄게!

넷, 네게

오, 오면

육, 육지가 바다가 되는 그날까지

칠, 칠만 년 동안

팔, 팔딱팔딱 뛰는 심장으로

구, 구애할게!

십, 십 새끼… 손가락 걸고 맹세할게!

사랑합니다.

부엉이 바위

부제 : 고 노무현 대통령을 추모하며

봉하산 부엉이 바위
그곳
자유여!
차마 착잡한 심경
바위처럼 단단하구나
권력의 동아줄은
썩어도 갈 생각이 없다
주위를 둘러보아도
아픔만 보였다
한걸음 시름이
구천으로 날아가
당신이 원하는 그곳에
꿈꾸는 세상 이루소서
"삶과 죽음이 모두
자연의 한 조각 아니겠는가"라고
원망도 미움도
당신에 대한 미안함도
원치 않는 당신이기에
한 방울의 눈물도 주저합니다
당신이 겪어야 했던
고뇌와 역경
하얀 국화꽃 한 송이로 대신합니다

설정치가 휘두른 칼날에
찢겨진 마음도
한 조각 자연으로 깁고
훨훨 그곳으로
편히 날아가소서

우산 속 그 사람

우산을 들고 그 사람이 서 있다
간이 버스정류장에서
오지도 않는 버스를 기다리며
우산 속에서 비를 맞는다
슬픔을 가렸지만
자꾸만 우산 속을 두들기는
낯익은 소리에 잠겨
이제 그만 울어도 된다고
대신 울어주는 하늘을 두고
우산 속 그 사람이
간이 버스정류장에 서 있다
방향이 다른 버스는 잘도 왔다 가는데
기다리는 버스는 오지 않는다
언젠가 한 번 지나간 후
오랜 시간이 흐른 뒤
다시 그 자리에 서 있는
그 사람의 우산 속에 비가 내린다
슬픔은 하늘도 대신할 수 없다는 듯
우산 속 하늘 먹장구름에서는
헤아릴 수 없는 무게로 비가 내린다
기다리는 것은 어쩜 오지 않는
물빛으로 흘러가는 그림자

흐르는 빗물 따라 웃고 가는
눈물이 서글프다
우산 속 그 사람이
오지도 않는 간이 버스정류장에서
부르다만
그 노래가 애달프다

비속에 나무가 서 있다

비속에 나무가 서 있다
제자리 한 점에
흔들림 없이
그렇게 서 있던 나무가
비에 젖는다
피할 수도 없는
어쩔 수 없는 듯
나무가
한참을 비에 젖는다
그런 나무의 마음을 아는 건
흔들어 깨워준 바람
바람이 흔들 새도 없이
비가 할퀴고 가는 잎마다
무겁게 내려앉은 마음
홀로
세월에 꺾인 가지를 들어
하늘을 찔러봐도
먹구름만 토해내는
내게
그대는 비속에 나무로 자랐다

마음, 그 마음

마음에 들지 않는다고

그 마음 걷어차지 마라

마음이 아프다고

그 마음 흔들지도 마라

발에 밟히는 낙엽이

쓰라린다고 그 눈물 닦아줄 수 없듯이

마음이 뒤틀린다고

마음이 찌푸린다고

저 바위처럼 그 마음 떼어낼 수 없다면

그저 바라보다

침묵할지언정

바늘귀 같은 마음 드러내지 마라

어떤 기억

나무는 어떤 기억을 지녔을까
죽은 듯 사는 것도
그렇게 긴 시간을 버텼던 이유도
어떤 기억 때문이었을까
봄이면 돋아나고
여름이면 무성하고
가을이면 물들다
그 물듦 다 붓고 나면
다시 떨어지는 겨울
버림의 순간
어떤 기억이 반복되는 것일까
나에겐 어떤 기억이 있을까
1년의 기억도
하루의 기억도
그리고 지금의 기억도
그리움의 소산이라면
한 사람도 잊을 수 없는
나의 기억이
어떤 기억으로
나무에 기대어 있을까

비

담쟁이덩굴의 푸른 손에 안기는 비
자동차 앞 유리에 박히는 비
운동장 구덩이 속을 허우적거리는 비
벚나무 가지 끝에 꽃이 되고 픈 비
목련꽃 진자리에 하얗게 물 방울꽃 피우는 비
우산 속 걸음에 맞춰 심장을 두드리는 비
길섶 화단에 꽃잎보다 고은 빛으로 물드는 비
슬픈 눈에 내려 눈물 대신 울어주는 비
한 남자의 기억 속을 맴도는 비
산과 들, 강, 냇가에 한결 같이 내리는 비
낮게낮게 보잘 것 없는 곳으로 가는 비
바위의 울림으로 바다의 소리를 내는 비
사라졌을 때 다시 구름 속에 숨어 사는 비
어느 날 갑자기
한 사람의 기억과 함께 오는 비

바람 한 점

바람 한 점이 가지를 흔든다
삶의 터널을 지나는 한 친구의
옷깃에 힘겨움이 얼룩져 있다
눈부신 햇살은
애석하게 그늘을 피해 내리며
힘없이 가지를 흔드는 바람만 태운다
질기게 엉킨 뿌리의 안타까움이
가는 가지를 흔들어 보이며
아직은 손 놓아 줄 수 없다고
떼어지지 않는 송진 같은 눈물을 흘린다
마른 고목처럼 바람에도 흔들리지 않음이
슬픔도 흔들어 보일 수 없는 친구 같아
매일 매일이 삶의 자장가를 불러올지라도
아직은 가슴에 남은 횃불을 켜라
활활 타오르는 태양이
짙은 나무그늘을 만들어도
횃불로 나무를 태울지언정
지금은 활활 타올라서
뿌리의 질긴 엉김의 바람으로
다시 푸른 잎이 바람에
삶의 흥겨운 리듬으로 흔들릴 때까지
친구야
너의 노래는 아직 끝나지 않았다

별

눈 깜빡일 때면 한 무리 별이 빠져나갔다
도심 속 하늘에 뜬 별이
가로수 불빛에 눈 감고 돌아섰고
지친 거리의 바람은
등에 붙어 도심 속 거리를 배회했다
힘겹던 어깨를 비춰 줄 도심 속 별은 없었다

한걸음 딛고 나면 한 뼘씩 다가오는
도심 밖 별이
지그시 감은 눈에 들어와 박힌다 그 후
있어도 없는 듯 빛났던 도심 속 별이
줄줄이 쏟아져 나와 가로수 불빛에 엉겨 붙어
가는 길 잃은 발자국에 촘촘히 박힌다

시인이고파

시인이고파
시를 사랑하고
시 쓰는 일이 나의 즐거움이고
오로지 시로 인해 삶의 풍요가 찾아드는
어떤 이의 삶보다
자신의 삶에서 피어나는 절절한 노래가
나 아닌 다른 이의 가슴에 울리는 날을 꿈꾸며

시인이고파
한 점의 구름을 보고도
그리움 써서 띄워 보낼 수 있는
한 줄의 바람으로도
따뜻한 옷을 깁고, 입혀줄 수 있는
한 방울의 물로도
갈증 난 가슴에 송송송 상쾌한 기운이 맴돌 수 있는

시인이고파
닿을 수 없는 우주의 끝에
이름 없는 하나의 행성이라도
그 아래 사는 사람의 마음을 꿈꾸게 하는
한 마리의 새가 천년을 날갯짓하며 날 수 있는
그날이 한 편의 시로 기억될 수 있는
마음을 온전히 파고드는 고독도 즐거움이니

그리운 거야

사람도 만나고 헤어져야 하기에
그리운 거야

언젠가
헤어질 날을 알기에
그대가 오늘
그리운 거야

카페 한 켠에 기댄 채
음악에 젖어드는 마음
비수처럼 꽂히는 멜로디
오열하는 아픔일지라도
이 시간이 아니면
다시 들을 수 없기에
그리운 거야

한 잔의 차와
한 잔의 음악
그 안에 헤어짐이 있기에
그대가 그대가
그리운 거야

조각 맞추기

마음을 쪼개어 보면
몇 조각의 마음
한 조각이라도
그대의 마음과 하나였다면
아직은 기댈 수 있는
희망이 있다
그것뿐이다
아무리 조각난 마음이라도
새겨진 무늬가 낯설지 않음으로
그대의 흔적이 있다면
아직은 맞출 수 있는
시간이 있다
마음엔 쉽게 버릴 수 없는
한 조각의 그대가
떼어져 있는 퍼즐로
흩어져 있다면
찾아서 끼워 맞춰야 할
희망은 있다
내게는 그 힘이 있다

보고플 때 하늘에서 비가 내려

너
오늘 울었니?

하늘도
보고픈 마음에 비가 내려
때론 낯선 발자국에 고이고
때론 뜻하지 않은 웅덩이에 갇혀도
결국엔 넘어서야 하는
빗물이 흘러 닿고 싶은
바로 너

어느 날부턴가
두 눈에 고인 눈물이
구름 속에 숨어있다
비와 함께 내려
의식할 수 없는 그리움이라고
마음을 아는지
비가 내려

꽃과 꽃잎

저 화분의 꽃도
시간이 지나면 시들어 가듯
너에 대한 기억도
저 꽃처럼 시들어 갈까
꽃이 꽃잎을 떼어내고
더 오랜 시간 푸른 가지를 붙들 수 있는
그 이유를 알아서였을까
너에 대한 기억을
꽃잎처럼 떼어내고
아무렇지 않은 듯 살아가는 것이
오랜 시간 버티는 이유가 될까
가끔은 떼어낼 수 없는 꽃잎도 있다
가지 끝에서 시들고
말라 가루로 바람에 날리어도
버티고 서야 했던 나날이 있다
너에 대한 기억이
시들어도 떼어지지 않은 채
마음 끝에 매달려 있는
현실처럼

꽃의 꽃

학교 현관 앞
산꽃을 옮겨 심은 화분이 있다
분홍색 진달래꽃
산으로 가는 바람이
들렀다 가기도 하고
아이의 웃음이
꽃심 속에 앉아 쉬기도 하는
그 꽃이
시들어간다
꽃잎이 한 장 한 장 떨어지면
깊어지는 꽃시름이 들린다
그때였다
아이의 웃음을 보았다
웃음이
시든 꽃잎마다 흔들어 보이며
이렇게 싱싱하다고
아직은 꽃피울 때라고
아이는 꽃웃음 놓아두고 간다

나의 노래

들판을 휩쓸고 가는 한 줄기 바람에도
나의 노래가 있다
들꽃을 에워싼 잡초라 여겨도
버티고 서야 했던 이유가 있다
세상에 숨 쉬는 순간마다
흐느껴 우는 나의 노래가
노을에 펼쳐진 채 들려와도
가지 끝에 걸린 시간이
초록의 잎을 재촉해도
삶은 두려움을 안고 왔다
조그만 공간에 피었다 지는 들꽃보다
이름 없이 살아도 들녘을 채우는
잡초가 부르는 노래
흔들리는 것조차 부끄럽지 않는
쓰러져도 일어설 수 있는 잡초
그들이 온몸 비벼가며 부르는 노래가
나의 노래다

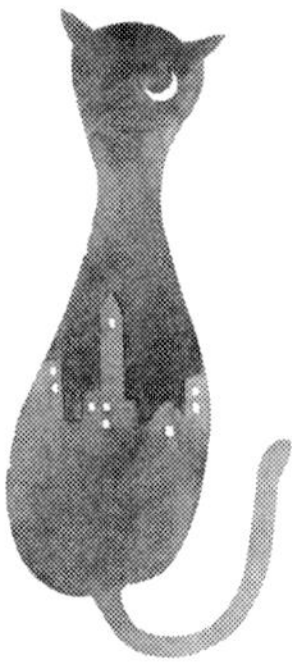

종이배

한영주 두번째 시집

제3부

그림자

그림자

발밑으로 흐르는 강물에
몸을 씻는 그림자를 본 적 있습니까

검은 옷만 입는
그 슬픔 그림자를 본 적 있습니까

쨍쨍한 날엔
더 깊이 타는 그림자의 마음을 본 적 있습니까

비 오는 날이면
그 슬픔 모습조차 감춰버린 그림자를 본 적 있습니까

눈물도 보일 수 없는
그저 빗속에 슬픔을 흘려보내는
아련한 기억으로 살아가는
한 사람 옆에 우뚝 일어서고 싶은 그림자가
그대의 발밑에 살아가고 있습니다

이제는 보입니까?

나만의 별

도심의 하늘은 별을 잃었다
별빛이 거리로 쌓여가기 전
화려한 도심의 빛들이 점령한 하늘
바람도 길을 잃어서 가고
계절을 잃은 꽃들은 방황하듯 피었다
어둠이 와도 하늘에 별은 없다
도심 속을 떠난 별들이
은하수로 모여들어
어둠이 살아있는 시골 마당으로 갔다
고향집에 가면 찾고자 했던 별이 있다
어둠이 짙으니 별빛도 진하다
고향을 떠나면서 거슬러왔던 별 하나 있다
흐릿한 빛으로 살아야 하는 도심 속에서
힘겹게 빛나고 있는 별
멈칫하는 순간이 있다
벚꽃같이 핀 하루도 그 밑의 그늘 같은 시간이 있다
그럴 때면 어둠 속에서 별을 찾았다
지금도 어디선가 빛나고 있을
시골의 그 맑은 하늘을 옮겨와서
힘겹게 빛나고 있는 나의 별
끝없이 이어진 가로수 불빛에서
어둠을 찾아와 빛나고 있다고
말하고 있는 별 하나 있다
나만의 별 하나 있다

해지다

열기 다 주고 나니
붉은 덩어리 하나에
검게 탄 흔적만 보인다
힘겨웠다지
눈부신 척 그렇게
누군가에게 비춰지는 것도
구름에 감춰둔 건
서럽던 날들
끝내 손바닥 가린
그늘만 흐느껴 울고
삼켰던 눈물만큼
가리고 싶은 날들
온종일 비춰지는 것도
주체할 수 없는 눈물이 날까봐
노을에 뿌려진
그 마음 시리게 타니
쏙 노을에 밀어 넣은 얼굴이
붉다
수줍던 그 시절, 노래가
붉다

그대

하나에서 반을 떼어내도
하나가 남고

둘에서 하나를 떼어내도
하나가 남고

셋에서 하나를 떼어내도
하나가 남고

넷에서 하나를 떼어내도
하나가 남고

내 몸에 있는 모든 것들
다 떼어내도
마음에 남는 건
떼어지지 않는
단 하나

그대

사랑

굳이 지우지 않아도
지울 수 있는 건
사랑이 아닌지도 몰라

굳이 잊으려 하지 않아도
잊혀지는 건
사랑이 아닌지도 몰라

그대가 왔던 그날부터
지우는 것도
잊혀지는 것도
내 것이 될 수 없었다

굳이 마음에 두지 않아도
그날부터
그대가 있었다

목련나무에 새 두 마리가 갇혔다

목련나무에 새 두 마리가 갇혔다

깃에 걸린 바람을
연신 부리로 쪼아내는 한 마리와
목련나무를 분주히 옮겨 다니는
또 다른 한 마리

이유도 없이 벗어날 수 없는
그런 시간이 있었다
벗어났다 싶으면 또다시 그 곳

한 마리 새가
있지도 않은 바람을 쪼아내고
또 다른 한 마리는
바람 없는 가지로 옮겨 다니는

있지도 그렇다고 없지도 않은
벗어났다 싶을 때
오히려 묶여있는
목련나무에 새는 길을 잃었다

1학년 7반

가려진 커튼
슬쩍 열린 틈으로
비춰 보이는 세상 속 풍경

바람을 안은 커튼 속에
한 아름 안긴 봄빛

의자에 눈꽃송이처럼
가볍게 내려앉은 엉덩이
시선이 머무는 곳에
그려지는 내 표정

자라목 된 은기
왼손과 오른손이 함께 만난 지현이
새끼손가락 깨문 앵두 빛 입술 지수
미소로 그려지는 예슬이 수첩
턱 괸 예지의 힘겨운 머릿속 생각
손가락 리듬 탄 혜원이 안경 속 두 눈동자
책상을 누른 효경이 이마
화면 속에서 찾은 영준이 얼굴
배고파 먹는 보린이 책밥
책 돌리는 재식이 손가락 위에 더 크게 걸린 하늘
안경 떠난 집을 안타깝게 돌리는 성민이

책상을 뜨겁게 부둥켜안은 가은이 지우개는
쓰디쓴 행복에 아픔이 일어나고
또 다시 돌리는 영준이 손가락 위에 바람이 감긴다
시계 속을 향해 승훈이 머리가 내려앉고
시끌벅적 끌어내는 마음엔
나만의 대답이 터져 나왔다
서로가 찾아가는 하루 안
자신을 표현하는 눈 그림자 위로
목련꽃 틔운 봄빛 닮은 천사들

그들이 사는 교실 안에
커튼에 안긴 봄빛이 왔다

너를 만나

끊어진 고리를 무엇으로 연결할까
잊혀진 기억을 또 무엇으로 견뎌낼까

너는 그리다
잠이 들었다

겨우내 목련나무는 어떤 생각을 했을까?

너를 만나
한바탕 웃었다

그리고
눈물이 났다

바람을 맞으며
그 눈물 씻었다

실내화가방을 찾아서

어디 있을까

잊혀진 기억을 되짚고 간 교실 문 앞

굳게 잠긴 머릿속 생각처럼

문에 걸린 열쇠의 닫은 입이

야속하기만 하다

도서실에 있는 선생님이

가까스로 소식 듣고 와서

열쇠의 입을 벌리고 들어선 교실

그곳에 있어야 할 실내화가방은 없다

어디로 옮겨졌을까

손잡고 흔들며 걸었던 흔적을 찾아

5층 다목적실로 그려진 발걸음이

희미해져 가는 시간을 밟아

다시 들어섰던 그 안에도

실내화가방은 없다

마지막 손바닥 온기가 떠났던

손금 속을 얕게 흐르는 촉감

들키지 않으려 바람만 손에 쥔

손의 흔들림이 멈췄던 12반

그 앞, 문 유리로 보이는 기다림을 아는

실내화가방이 움직이지 않은 채

흔들리며 가는 시간을 위해

고리에 기대어 기다리고 있었다

덥석 기다림을 쥔 손바닥 안에는

실내화가방이 들렸다

흔들리며 걸어줄 내 걸음이 들렸다

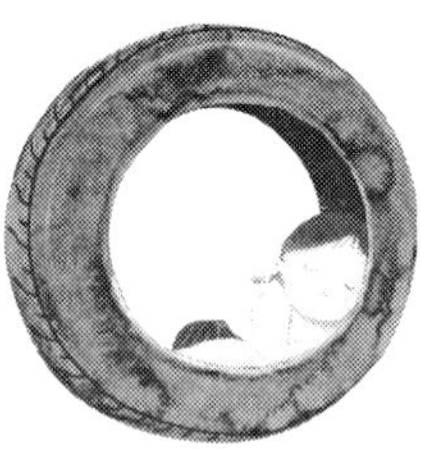

다만

다만
마음을 열어 보이고 싶었습니다
숨바꼭질하듯
숨어버린 마음이
그대에게 조차 들키지 않고
긴 세월을 살아가는 것도
힘들다는 생각이 듭니다
그대에게 들키기로 마음먹고
빈 들판에 한그루 나무가 되어 봅니다
너무 먼 곳까지 와서
그만 뿌리를 내린 나무는
그때부터가 기다림임을 압니다
그대에게 다 보이기로 하고
뿌리를 내린 시간부터가
고독의 시작임을 깨달은 나무는
빈 들판에 돋아난 풀잎 사이로
마른 눈물을 떨굽니다
기다리는 사람이 있는 마음은
고독을 압니다
마른 잎에 새길 수밖에 없는
그 마음을 압니다

새 봄

언 땅을 딛는 발소리
듣기나 한거니
거칠어진 껍질로
무던히 견뎌낸 겨울도
이젠 새 봄의 시작으로 물러가고
너를 찾는 이 손길은
언제쯤 닿을 수 있을까
운동장엔 지난 가을
바람에 뒹굴던 발소리가
다시 새 봄으로 살아나니
어디에 있다 왔니
담벼락에 담쟁이덩굴이
지상으로 추락하는 날을
너마저 바랬다면
어디서 또 너를 찾아야 하니
새 봄이 일으킬 푸른 바람을
까마득히 잊어버렸다면
지나고 나면 다시 오는 그 자리에
잠시라도 돌아와
새 봄을 맞이하지 않을래

밤 그림자

달빛에 젖은
바람이 추락하는 날
거리에
낯익은 그림자
낱장 되어 길 위로 쌓여가네
누구의 외로운 그림자였던가
홀로 이 밤 남아서
저만치 흘러가는 걸까
껍질 채 뭉개진
우물 속 달빛이
물결에 부서지고
그대 곁에
밤 그림자 찾아들 때
발밑에
새겨둔 내 그리움이었다고
여겨줄까?

섬진강은 흘러가고 있었다

섬진강은 흘러가고 있었다
겨울 한파가 발목을 잡는 그 순간도
굽이굽이 닿는 그 허리마다
모래 거품 뱉어내며
힘겹다 시름소리 한 번 없이
조용히 흘러가고 있었다

섬진강 허리엔 화개장터가 있고
언 귀를 두 손으로 비벼가며
나물을 파는 할머니의 얼굴엔
섬진강 바람이 새기고 간 주름만
견뎌낸 아픔을 전한다
섬진강은 말없이 흘러가고 있었다

흘러가는 섬진강에 얼음이 얼었다
허리를 베어내듯
쓰디쓴 아픔에 두 동강 날 것 같아도
그 아픔 견디며
섬진강을 바라보는 그 사람 아픔 보듬고서
가슴 깊이로 흘러가고 있었다

겨울 맛

춥다
겨울바람에 풍기는 냄새
맵다
콧물이 난다
먹은 음식도 없다
입안에서 맴돌다
바람과 섞였다
설레듯 밀려든 바람은
여전히 맵다
호주머니 속 온기도 식었다
시린 손잡았던 바람은
놓아주지 않는다
끝이 없다
바람이 겹겹이 불어와도
한 가지 맛이다
그 맛이 맵다
그래서일까
요즘 사람들 속이 쓰리다

장작

20여년을 살다가 모진 풍파에 쓰러진 나무
이제 너에게 줄 건
따뜻한 온기를 만드는 일
그 일을 도울 수 있는 그 힘밖에 없다
동강낸 통나무의 심장을 찍어 둘로 나누고
둘로 나눈 그 조각을 화로에 넣어주는 일
마지막 재가 되는 남아있는 시간을 태우고
말할 수 없는 그 뜨거움을 쏟아내고
땅 빛으로 변해가는 너를 지켜보는 일
그 일밖에 해줄 수 없는 나의 손
언젠가 잘려진 나무 밑동에 앉아
세월을 그려 넣은 너의 동심원 안에
품으려 했던 그 따뜻함이
초록의 빛에 숨어 있었던 걸 모른 채
한참이 지난 후
화로에서 뜨겁게 타는 그 열기로
화로 속을 넘어와 나는 알았다

보낸다는 말은

보낸다는 말은
가을을 보낸 나뭇가지에
매섭게 돋는 겨울바람 같고
눈꽃을 보낸 구름의 가벼움 같고
때론 구겨진 종이에 갈겨쓴 흔적 같고

보낸다는 말은
발소리 움켜진 교실 바닥 같고
운동장에 벗어던진 이야기 같고
교과서마다 쏟아낸 아이들 얼굴 같고

보낸다는 말은
손잡고 흔들 수 있는 따뜻함 같고
빈가지마다 밤새 피워낸 눈꽃 같고
잊어지기 아쉬운 어떤 이의 이름 같고

보낸다는 말은
결국엔 보낼 수 없는 내 마음 같고
다시 봄을 기다리는 나무의 속삭임 같고
노을빛 하늘까지 번져갈 붉은 물감 같고

결국엔 보낸다는 말은
이 순간 이 시간마저도
보낼 수 없다는 말입니다

이별1

나였다. 처음엔

나 혹은 그대였다. 그대를 본 후

나 그리고 그대였다. 설레었던 시절엔

우리였다. 이별하고 난 후

늦은 우리였다

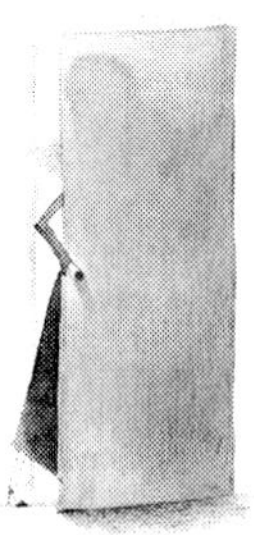

이별2

구름이
바람 불면 그 무게를 감당치 못해
둘로 쪼개져 버렸다

구름 같은 사랑

어느 날

바람은
떼어낸 구름 조각을 날려버렸다

그날 이후
구름 속에는 비가 숨어 살았다

구름도 모르게 내리던 비로
너를 보냈다

이별3

그대 없는 공간이
이렇게 넓어 보입니다

꽃과 나무, 수많은 그림자가
쉬어갔던 공간

남은 건
그대에게 속삭였던 바람뿐

너를

너를 그리다
한 잔의 술을 마셨다

너를 채워서
두 잔의 술을 마셨다

너를 삼키며
세 잔의 술을 마셨다

너를 비우며
네 잔의 술은 마셨다

다섯 잔의 술은
새 잔에 채웠다

눈물테

어깨에 바람이 와 닿고 가는 날이면
그 위에 올려진 그리움 날려
가을 산으로 보냅니다
조금씩 가을 산이 물들어오는 것이 마치
마음처럼 그래서였나 봅니다
겨울이 오고 찬바람 부는 날이면
어김없이 산도 식어서 꺼져 갈 테지만
지금 이 마음은 가을 산을 닮았습니다
그대가 보는 가을 산이 붉게 물든 후
빈가지로 어깨 위 그리움 안고 달려온
바람 열린 나무에 눈물테가 선명합니다
나무 깊이에서 한 해 한 해 만들어내는
그 깊은 그리움이 삶의 흔적이 되어
지울 수 없는 나이가 되어가는 나무
혹시나 가을 너머에
겨울이 혹독하다고 생각할지도 모르나
눈물이 마를 때까지
눈물테를 그려갈 시간이라면
그대를 그리워할 시간이라면
가을 산은 꺼지지 않고 내 안에 있음을
그대는 모릅니다

대패삼겹살

죽어서도 온전히 있지 못하는
뜨겁던 불판 위에
생살이 익어가도
두려움에 움츠렸던 살들이
불판에서 맥없이
생의 시름소리 치이익 치이익
이리저리 뒤적이며
눌러 붙어 꺼멓게 타들어 가도
그 고통 누구와 함께 하리
떡 벌린 아가리 속
손짓하며 당기는 그 이기심
아작아작 씹어 삼키고
부셔진 날들
다시 살아날 수 없어도
허락만 한다면
내 살이 되어
나와 함께 살아가는 게
견디기 힘든 고통일지라도
함께 하고 싶다

그리움이 그리움이게 한 그대

쓰디쓴 달빛 잔에 부어
구슬피 우는 밤에
대나무 향기에 익은
바람 맘껏 끌어안고
또 밤을 지새웁니다

그리움이 그리움이게 한 그대
취해만 가는 밤이
달빛을 흔들어 깨우는 잔 안에
새벽이 깨어납니다

부릅뜬 눈이 시뻘겋게 충혈 되어
간밤에 잃어버린 태양을
가슴으로 끌어옵니다

그리움이 그리움이게 한 그대를
빈 잔에 채워
달빛이 익어 가면
또 한잔 생각이 납니다

비워도비워도
채워지는 잔이 원망스럽기만 합니다

나무의 흔들림

나무에 앉은 빛이 뚝 떨어지는 걸 봤다

바람 불면
나무만 흔들리는 게 아니더라
나무를 닮아있는 그림자도 흔들리더라

소망

일산성당 후문
두 개의 기둥을 잇는
반원으로 된 철물 고리 위 십자가
지나는 사람
머리마다 이고 가는 소망꾸러미
머리 위 소망 하나
슬며시 놓고 왔던 날
하루 종일 꺼지지 않는
그 불빛이 밝다

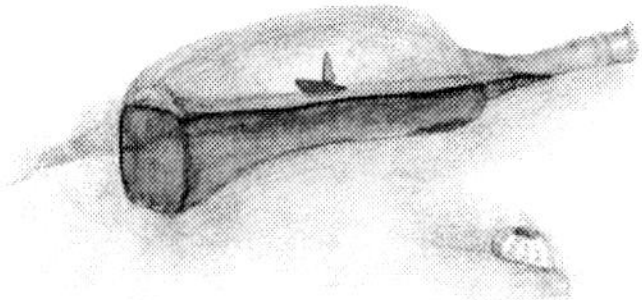

일산시장

구일산엔 여전히 5일장이
선다
3일과 8일이면
별똥별 타고 모인 장사꾼
자판 위 희망을 푼다
도심에서 보는 풍경이
낯익다
일산시장 입구에 있는 뻥튀기 아저씨
뻥뻥 축포를 쏟아대고
소금에 저린 생선은
연신 뜨거운 햇살아래
늘어진 주둥이로 웃음을 판다
시멘트 바닥에 뿌리를 내리려
양파, 무, 당근, 파는 흙을 찾는다
시장 안쪽에 있는 이름도 특이한 집
"개고기집"
그 개는 알까
"개고기 팝니다."라고 적힌 글을
자판 위 닭은 홀러덩 다 벗고
일광욕하다
풍기문란으로 아주머니 손에 이끌러
맥없이 끌려가는
삶의 냄새가 깊은 일산시장

각양각색의 물건과 얘기가 있는 곳
사람보다 더 다양한 일산시장 자판 위에
사람의 희망이 놓이고
삶을 여는 곳

도심 속 뻥튀기 아저씨

뻥이요
간혹 어릴 적 동네에 왔던 뻥튀기 아저씨
집집마다 들고 나온 마른 옥수수
마른 옥수수 한 되박으로 배불리 채운 뻥튀기 기계
이글이글 8월 마냥 타는 불 위에서
15분쯤 쉴 새 없이 돌렸던 아저씨
아저씨가 뻥이요 하고 터트리면
뻥하고 연기가 순식간에 피어나고
하늘로 하얗게 쏟아졌던 뻥튀기들
한 되박이면 몇 십 배를 쏟아냈던 뻥튀기 아저씨
뜨거워뜨거워
놀란 가슴 하얗게 쓸어내리며
안겨오는 어릴 적 추억
한 움큼 쥐고 맘껏 웃을 수 있었던 날
동네에 왔던 바람도
까르르 웃었던 맛있는 풍경
어릴 적 추억을 돌리고 있는
도심 속 뻥튀기 아저씨를 본 날
마른 옥수수 한 되박이면
뻥튀기 되었던 어릴 적 마음
십여 년이 쓸려나간 어릴 적 풍경이
도심 한편 남아서 여전히 뻥튀기 되고
어릴 적 추억도 뻥튀기 되어 왔던 날

구름은 알까

아이들이 앉은 스탠드
재잘거리는 소리가 비를 반긴다
스탠드밖엔 지나는 구름이
신나게 퍼 붓는 소나기
요 며칠 폭염으로 지쳤던 나무가
촘촘히 떨어지는 비를 잎마다 받쳐 들고
수줍게 씻고 있다
비와 함께 섞여 놀던 아이의 눈이
나무와 마주치면 까르르 웃어 댄다
소나기가 지나는 날
스탠드 지붕 밑 아이들
습기 찬 바람이 촉촉이 눈을 씻고
가려진 구름을 걷어내면
운동장에 찍어냈던 발자국
그 수만큼 달려가고 싶은 마음
구름은 알까
이 비를 내리고 가는 지금
한바탕 웃음을 던져놓고
운동장으로 뛰어들고 싶은 마음
그 마음을 알까

숭례문

누구였던가
죄인이 된 날
허탈한 웃음으로 던졌다
역사의 불덩어리
이름도 없었다
주인도 없었다
남겨진 건 그림자뿐이었다
구름에 흘린 세월동안
그렇게 서럽게 서 있던 날
누구의 입맞춤을 기대했던가
싸늘한 흔적만 남았다
누구를 위한 외침에
꺼멓게 탄 속을 보이고 말았던가
눈물도 타버린 날
꺼졌던 별에 불 밝히고
밤을 지새우며 울던
그날 밤
잃었다
서울의 문
안식의 문
그렇게 죽었다

아이들이 운동장에 빠졌다

부제 : 점심을 먹고 운동장에 몰려나온 아이들

아이들이 운동장에 빠졌다
뒤섞인 발자국 무늬의 주인을 찾듯
바람의 시선이 닿는 곳마다
오후 햇살이 채워지고 있었다

아이들이 뛰놀던 운동장엔
수업 시작을 알리는 종소리가 울리고
알알이 박힌 눈동자의 아쉬움이
줄지어 쏟아져 나오고
아이들은 휩쓸리듯 건물 안으로 들어섰다

풀어냈던 묵은 마음이
운동장에 버려진 채
갈아입은 새 마음으로 시작되는
오후 햇살도 뜨겁게 내리쬐고 있었다

아이들이 없는 운동장엔
갓 피어냈던 초록의 수수께끼가
바람에 숨어들면
또다시 아이들은 바람을 몰고 와
한장 한장 넘기며 초록의 수수께끼를
마음으로 풀어냈다

아이들이 풀어낸 수수께끼가
담겨진 운동장엔
내일을 여는 발자국이 설레이듯
뛰어다니고 있었다

어머니 인사

고사리 한 근에 30000원
어머니는 고사리 한 근을 뜯기 위해
수백 번을 허리 숙여 인사를 한다
먹는 사람은 알까
돈 30000원 주면
너무도 쉽게 먹는 고사리나물이
수백 번 허리 숙여 인사한 후
얻을 수 있다는 걸
지리산 산기슭에
제를 지내듯 이른 아침에 올라서
고사리 한 개에 한 번의 인사
한 근을 만들기 위해서는
수백 개의 고사리가 필요하다
어머니는 그 수고스러움도 마다하지 않고
묵묵히 인사를 하고 고사리를 뜯는다
주먹 불끈 쥐고 돋아난 고사리는
어머니의 손에 꺾이고
그 대가로 어머니는
고사리를 향해
정성스레 인사를 한 후
한 번에 한 개의 고사리를 뜯는다

하늘 향해 뻗어 올린 그 당당한 주먹
그 앞에 선 어머니도
정성스레 허리 숙여 인사를 한 후
고사리를 뜯는다
밥상에 오른 고사리나물을
아무 생각 없이 먹던 날
고사리 주먹에 맞고
마음이 아프다

소리쳐 불러봐

소리쳐 불러봐
눈빛이 닿는 그 거리까지
다가갈 수 없는
아득했던 내일의 모습이라 해도
흔들리는 꽃잎에 앉아 있어도
다 타고 남은 노을이 재가 되어도

소리쳐 불러봐
길을 깁는 마음이
흘러가는 구름을 밟고 선다 해도
눈가에 맺힌 흐릿한 세상이
자신을 드러내 볼 수 없어도
지는 해가 남긴 어둠의 깊이에서도

소리쳐 불러봐
응어리져 곪아터져도
다 뱉어버리고 나면 그 끝에
새살이 돋는 설레임으로
안개 자욱한 그 끝에 보여지는
선명한 내일이 있다면

방황

거리를 배회하는 바람이 있다

너 떠난 후

빈껍데기 몸만

거리에서 만난 바람을 반긴다

연어

처음 태어난 곳은 강이었다
어미의 죽음으로 얻은 생명은
알알이 박힌 자갈 틈에서 깨어나고 있었다
물살처럼 가버린 죽음도
이마에 박힌 삶의 고단함도
끝내 죽음을 품은 새 생명의 진통으로
강물은 거슬러 온 길을 말갛게 씻어주었다

산란을 끝낸 연어는 강 빛이 깊게 새긴 몸뚱아리를
강으로 강으로 흘러 보내고
어미가 그랬듯
강물이 그랬듯
돌마다 새긴 바다로 가는 지도를
온몸으로 비벼가며 새기고
강으로 강으로 변해갔다

태어나는 것이
이별이구나
어미의 흔적은 강이 되고
아비의 흔적은 바닷길이 되어
저 수평선 넘어 태양의 나라로
여린 치어는 고단한 여행을 떠난다
어미가 되어있는 강물과

아비가 되어있는 바다를 향해
물길 따라 흔들리는 지느러미 곧게 세우고
하루 길을 열어가며
바다의 노래가 들리는
아비의 품으로 여린 치어는 간다

두물머리 사랑

흐른 듯이

흐르지 않는 듯이

그대에게

자꾸만 가는 마음이 있다

멈출 수 없는 강물처럼

한번 흐르기 시작한 마음은

두물머리에 닿았다

떠남의 의미

떠남이 남기는 건

허공 속 바람이 아니라

허공을 맴도는

하나의 눈빛이다

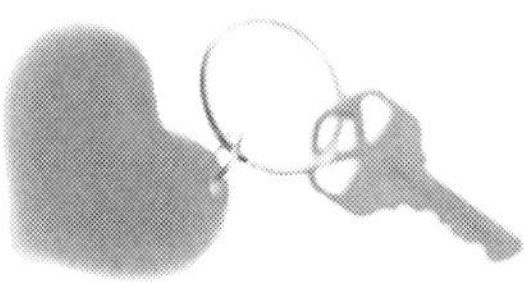

종이배

한영주 두번째 시집

가을
나쁜 기억
기억
어디에 있냐고 묻지 마라
채송화
선인장
다시 시작된 장마
아이들의 웃음이 쓰다
화엄사 해우소
노을
비
길
눈동자
독도레이스
너였다
모듬회
기다리다 떨어져도 흔적은 남는다
그대였지요
행복
빗방울
그대
나무의 떠나보내기
하얀 백지
우리 집은 기와집이다
리모컨
꽃바구니
이 바보
그대의 마음이
그대는 장마랍니다
누구를 위한 종소리냐
제자의 아픔
그대였으면 좋겠다
철길 위를 노래하는 기차를 타고

제4부

가 을

가을

하늘이 높아진 것이 아니라
마음이 높아졌다

나무가 물드는 것이 아니라
마음이 물들었다

바람이 쓸쓸한 것이 아니라
마음이 쓸쓸했다

추억이 그리운 것이 아니라
사람이 그리웠다

가을은 지나가고
마음은 멎었다

나쁜 기억

왔다 싶으면
어느새 떠나고 없고

보였다 싶으면
어느새 사라지고 없고

잊었다 싶으면
어느새 다시 와 있는

기억나지 않아도 될
나쁜 기억 속 그대

기억

시간의 날개가 바람을 가를 때

불어오는 바람보다

흘러가는 바람에게

마음이 더 쓰이는 것은

내 몸에 닿고 난 후

변해가는

한 사람의 기억 때문이다

어디에 있냐고 묻지 마라

어디에 있냐고 묻지 마라
허공에 내쉬는 숨보다
그대가 그립다
숨 쉬 듯
그대가 산다

어디에 있냐고 묻지 마라
반쪽 심장만 남아도
멎는 그 순간이 와도
그대만 아는
가슴이 슬프다

어디에 있냐고 묻지 마라
바람에 쓰인 그대라도
한 번의 새김을 잊을 수 없고
안개가 엄습해도
그대에게 가는 길을 지울 수 없다

채송화

어둠이 싫다고
깜깜한 밤은 두렵다고
해지는 저녁이면
연분홍 꽃잎을 닫는
대낮에 피어나는 채송화
앙증맞은 연분홍 꽃잎을 열어
세상을 틔워내며
채워야 하는 향기가 있다고
교탁 모퉁이에 있는 화분에선
연분홍 꽃잎의 채송화 피어났다
어제도 오늘도 연분홍 꽃잎을
열고 닫으며
연분홍 꽃잎 속을 밝히는 것은
어느 날 사라졌던 낮달
숨 막히게 답답할 때
어둠의 불안이 엄습할 때
마음 편히 밝힐 수 있는
그대 닮은 빛으로 낮달이 있다
낮과 밤
그대가 어디에 있든
채송화가 열고 닫는 세상
그 안에 그대가 있다
그대 닮은 낮달이 있다

선인장

선인장이 말을 한다
'사막이 그립다'
모래 언덕에 모래 바람이 그립다고
지나간 흔적도
빠르게 덮어주고
흘러간 사람도
빠르게 잊게 하는

선인장은 알고 있다
지금 사는 곳이
사막보다 더 사막이라고
제 몸에 가시보다
더 가시 돋친 사람들이 있다고

선인장은 노래한다
푸른 몸에 푸른 가시라고
사막을 떠난 후로
푸른 몸에 붉은 가시라고
찔리고 박히는 곳마다
곪은 상처뿐이라고

선인장은 꿈을 꾼다
사막에 닿는 꿈을

모래 언덕에 모래 바람과 만날 수 있고
푸른 몸에 붉은 가시보다
희망을 꽃피우는
사막의 푸른 가시와 만날 수 있는

다시 시작된 장마

그랬구나

담겨진 마음이 너무 슬퍼

이렇게 퍼붓기라도 해야

힘겹다는 말

찔끔 감은 눈으로 번개가 되고

내뱉는 기침으로 천둥이 되고

이제는 작은 무게조차

감당하기 어려운 현실

한 번씩 와서

이만큼이라고

그대로 인해 쌓인 슬픔의 무게라고

거침없이 토해내는 날이면

창가에 부딪치는 그대

금방이라도 떠내려 갈 것 같은

그리운 생각이

빗물에 잠긴다

아이들의 웃음이 쓰다

수업은 진행형
학교와 학원의 징검다리를
위태위태 걷는 아이들
한발로 섰던 그 돌다리 밑으로
흐르는 물살을
거슬러 오르는 물고기 한 마리
학교가 끝나면
학원이 시작이고
학원이 끝나면
또 다른 시작은 꿈속의 책상
무엇 하나
그려볼 수도 없는 꽉 찬 하늘
쏟아지는 빛을 재빠르게 걷는 아이들
오늘도
위태위태 걷는 돌다리 밑으로
힘차게 거슬러 가는 물고기 한 마리
힘겨운 시간을 물살에 풀어
뒤쪽으로 꼬리지느러미 흔들어 보내며
저 먼 곳까지 닿을까
겹겹이 쌓이는 의문을 두고
징검다리를 걷는 아이들 틈에
물고기 한 마리의 투쟁

화엄사 해우소

화엄사엔 해우소가 있다
근심, 걱정, 번뇌를 푸는 곳
살면서 겪는 많은 일이
풀리지 않는 수수께끼로 남을 때
발걸음을 옮겨
화엄사 돌계단으로 가자
중앙 돌계단을 오르다 보면
오른편으로 해우소라는
나무표지판이 있다
그곳으로 가보면
현대식 화장실이다
근심, 걱정, 번뇌를 푼다고
화엄사에 가는 사람들
해우소 보고
쓴 웃음 짓고 돌아와서
현대식 화장실 안에서
화엄사 해우소를 생각할까

노을

다 펼쳐 보일 순 없어도

그대는

하늘에 놓아 둔

해질녘

마음의 빛깔

비

혹시 보고 싶은 건 아닐까

괜시리 마음이 슬펐다

하늘도 보고 싶다며

하염없이 우는데

너는 어떻게 사니

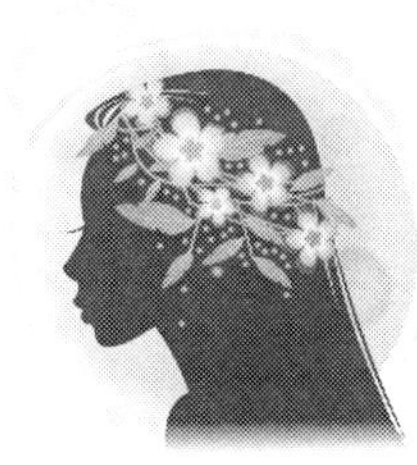

길

무작정 가다 보면

보이는 곳에 닿고자 하는 마음이 들 때

그곳이 길이다

눈동자

마주보는 눈동자 그 안에
자두 빛 하늘도 옮겨놓고
안개 속에 핀 목련꽃도 옮겨놓고
담장 위에 깃 정리하는 참새도 옮겨놓고
노란 개나리꽃도 옮겨놓고

마주보는 눈동자 그 안에
호수의 잔잔한 물결도 옮겨놓고
바다의 성난 파도도 옮겨놓고
찢겨진 구름에서 퍼붓는 소나기도 옮겨놓고
매화향 가득한 바람도 옮겨놓고

마주보는 눈동자 그 안에
옮겨놓고 그래도 남은 공간이 있다면
그대 눈앞에 있는 사람의
그리움 가득한 눈빛도
옮겨놓고 살 순 없을까?

독도레이스

홀로 선 섬으로 향하는 길은
홀로 일 수 없다
한 마음으로 뛰는 한 걸음부터가
서로의 잉김으로 이어가는 레이스
끝없이 가고 오는 바람은
홀로 선 섬에서 왔다고
홀로이지 않게 하는 그대 곁으로 왔다고
한줄기 눈물에 홀로 선 섬을 옮겨와
서로의 엉김 속에 함께 뛰는
먼저 섬으로 간 친구는
바다의 물빛 닮은 웃음을
한 장의 사진으로 남겼다
바람에 안긴 마음이 뛰고
떨리는 걸음이 멈춰 섰던 그 순간도
오로지 가야하는 홀로 선 섬
너와 내가 엮어가는 길 위로
거꾸로 가는 그림자마다
뜨거운 태양이 묵살하고
서로의 엉김 속에
홀로 선 섬에 있을 친구의 가슴이
새들의 울음으로 들리는 아침
뻗어가는 마음의 엉김으로
열어가는 날마다 바람은
다시 향하는 바다 안 그 섬으로
발 뻗어 옮겨가고 있었다

너였다

마음 속에서 눈물을 만든 사람(너였다)
눈 감고도 볼 수 있게 만든 사람(너였다)
발걸음 소리에 심장을 두근거리게 만든 사람(너였다)
보는 것마다 익숙한 풍경으로 만든 사람(너였다)
추웠던 겨울날 나에게 한 손 장갑을 끼워준 사람(너였다)
거울보다 더 선명하게 나를 보여줬던 사람(너였다)
장미꽃보다 붉게 피어날 수 있게 만든 사람(너였다)
잊혀질까 날마다 생각나게 만든 사람(너였다)
가진 것 없어도 다 가질 수 있게 만든 사람(너였다)

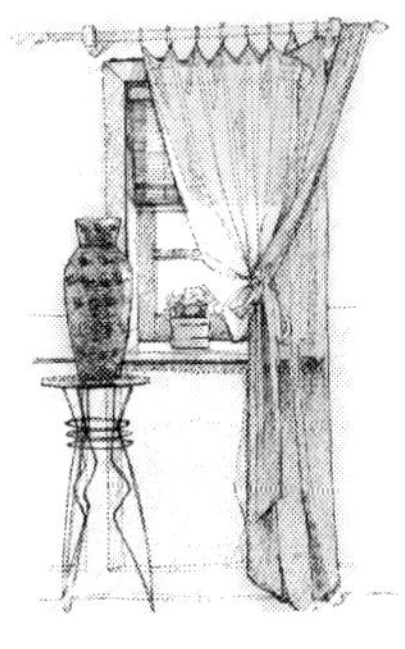

모듬회

죽어서 씹히는 생살이 달다

바다가 씹힌다

비늘을 훌렁 벗어던진 채

매끄럽던 속살을 드러내고

어떤 살은 바다의 하얀 거품을 닮았고

어떤 살은 핏빛이 가시지 않은

노을빛 바다를 닮았다

접시에 얇게 썰어서 담은 생살 한 점이

입안에 바다의 내음으로 파도칠 때

가슴으로 헤엄쳐 가는

한 마리의 고기가 바다를 노래한다

기다리다 떨어져도 흔적은 남는다

바람에 손짓하는 나뭇잎 몇 개 따서
그대 오시는 길에 달아두면
혹시나 한 사람 잊고 사는 날
그대 지나쳐갈 때
흔들리는 나뭇잎의 손짓으로
나 여기 왔음을 알아주세요

오늘도 그대 기다리는 일이
습관으로 남았지만
바람이 부는 날에는
잠시 그대 기다리는 마음
붉게 물든 나뭇잎에 옮겨두고
오시는 길에 달아두려 합니다

오시는 길에
거리에 뒹구는 나뭇잎을 보거든
다녀간 이 마음 여기서 기다리다
바람에 흔들리며 끝내 떨어져서
거리에 물든 채 그리다 그리다 못 견디고
떨어졌구나 생각해줘요

그대였지요

그대였지요
내 마음에 밝아오는 하루
가로수 불빛에 날아든 별빛으로
아침까지 수놓아 지새게 한 사람도

그대였지요
지금처럼 살게 한 희망
컴컴한 밤에 날아든 반딧불로
그대의 별을 만들게 한 사람도

그대였지요
세상 속에 또 다른 세상
가도가도 닿을 수 없는 길을 엮어
그대에게 닿는 길을 보여준 사람도

행복

마음대로
누구나 가질 수 있는 것
주인이 있는 것도 아니고
돈을 주고 살 수 있는 것도 아니고
돈을 주고 산다고 해서
영원히 주어지는 것도 아니고
한 번 마음을 채우면
그 순간만큼은 하늘도 날 수 있고
바람처럼 불어오지만
결코 잡을 수 없고
부족한 삶도 넉넉한 웃음이 있다면
내 것이 될 수 있고
주고 싶을 때
언제든 나누어 줄 수 있는 것
같은 것을 바라봐도
서로 다른 모습을 갖는 것
뭐라 말할 수 없지만
마음이 아는 것

빗방울

빗방울을 봤다
구름 속을 떠나고
무수히 많은 망설임도
결국엔 거리 곳곳에 닿아
터졌다
빗방울이 터져서 산산이 부셔지고
부셔진 흔적으로
거리가 꿈틀대고
심장소리가 들린다
숨소리가 조심스런 날들도
빗방울이 하늘빛을 담아
구름을 떠난 후
거리에 쏟아 붓고
터졌다
그럴 때면 멍멍한 가슴도
그리워할 사람으로
뛴다

그대

일기를 쓰면서
나는 알았다
수백 번을 썼다 지웠고
수천 번을 망설였다
특별할 것도 없는
소소한 일마저도
그대 생각뿐이다

일기를 쓴다는 것은
거창한 일이 아니다
특별할 것 없는
숨 쉬어지는 날마다가
그대일 뿐
아주 아주
소소한 일이다

나무의 떠나보내기

한 번은 떠나야 한다
길을 걷는 것도
어찌 보면 떠나는 연습을 하고 있는 듯
바람도 외면한 채
옷깃만 들추어보고
한 길을 걸어도
수천 번 떠나는 연습이 끝나는 날에
마음도 울어 줄 여유가 생기나 보다
들뜬 마음을 움켜쥐며
날마다 여는 창가의 빛이
어김없이 찾을 때도
커튼으로 빛을 삼키며
꾸역꾸역 넘겨야 했던 떠나보냄이
눈가에 흐를 수 있는 눈물의 여유였다고
말할 수 있는 가을
나무의 떠나보냄이
거리마다 낙엽 밟는 소리로 움찔한다

하얀 백지

내 마음이 하얀 백지라면 좋겠어
아무것도 쓰여 있지 않은
그런데 말이지
하얀 백지보단 누구라도 와서
낙서라도 했으면 좋겠어
백지보다는 외롭진 않을 거야
만약에 그래 만약에
어떤 사람, 어떤 누구보다
하얀 백지 위에 아무 의미 없는
낙서라도
너라면
너만이 하얀 백지를 채워줄
사람이라면
의미 없이 휙 갈겨놓고 가는
바람의 글씨라도
모를 거야 넌
낙서라도 하면 아주 조금은
하얀 백지를 떨리게 하는 온기
그것뿐이야
또 알아
하얀 백지 위에 쓰인 낙서라도 볼 때면
눈물을 떨굴지도

우리 집은 기와집이다

우리 집은 기와집이다
20여년의 추억이
화단에 주렁주렁 열린 포도송이처럼
푸르게 맺혀
여전히 달콤한 행복으로 익어가고 있는

우리 집은 기와집이다
지금은 부모님만 남아서 지켜선 집
사진 속의 자식들과 하루에도 몇 번씩
안부를 묻고 쓸쓸함을 달래는 집
마음에 켠 등불이 바른 길을 밝혀주는

우리 집은 기와집이다
방 세 개와 마루 그리고 어머니 공간
마루를 지나서 마당으로 나가면
정문엔 화단이 있고
좌측엔 대문, 우측엔 쪽문
마당 옆에는 창고와 소의 집이 있다

우리 집은 기와집이다
집 주위로 둘러싸여 있는 담장엔
포근함을 간직한 부모님 손길이 있고
어릴 적 동생들과 나누었던 다정한 얘기가 있고
지금도 남아있는 20여년의 아픔과 웃음이 있고

우리 집은 기와집이다
집 앞엔 변함없이 흘러가는 냇가가 있고
새벽녘이면 산허리에 걸린 안개가 있고
마을 입구에 놓인 다리로 걸어올 만남이 있는
오늘도 자식을 기다리는 마음이 있는

리모컨

어느 순간 손에 쥐고 있는

찾고 싶었다

마음과 맞는

습관처럼 찾아 헤맨 손의 선택

눌렀다

바뀌고

마음을 때리는 허무

혼자 있는 현실 속

찾아든 시간의 고독

바쁜 손가락과 그 힘만이

느린 하루를 이끌고 가는

그 쓸쓸함

꽃바구니

꺾이고 난 후
안간힘 쓰고 버티는 꽃바구니 꽃이여
젖은 향기 날리고
마른 잎을 자초하는 건
더 오래도록 함께 하고픈 마음이었구나

책상 귀퉁이에 며칠 전 받았던
꽃바구니 하나 있다
주는 마음이 아름다워
시들기를 잊은 듯
꽤 오랜 시간을 버티다가
끝내 말라서 가녀린 한 줄기 바람에도
꽃잎이 떨어지고 만다

영원할 수 없다며 말하던 사랑
한 잎 두 잎 질 때마다
새롭게 피어나는 마음에
그대의 얼굴 닮은 꽃잎이 지고
그날의 기억으로
채우는 마른 추억만이 버티고 있다

이 바보

바보다

알고도 모른 척 해야 하는

날

너도 모르게 속이는

날

바보라고

'이 바보' 야 라고 말해주지 않겠니

그대의 마음이

자욱하게 내린 안개 길을
조심스레 걸어가서
나를 위한 등대로 우뚝 서 있는
그대의 마음 빛을 봅니다

아침이면 그대의 향기가
바람에 취해 날리고
저녁이면 그대의 웃음이
바람에 피는 노을이 됩니다

말하지 않아도 들리던 그때처럼
그 곁을 떠난 지금
여전히 그대의 마음이
퍼렇게 깔린 마음에 울림으로 옵니다

그대는 장마랍니다

그대는 장마랍니다
언제 그칠지 모르는 이 비가
그치는 날엔
웃고 있을 그대를 생각하면
하염없이 내리는 비를 맞아도
입가에 희미하게 그려지는 미소를
빗물에 보낼 수가 없습니다
그쳤다 싶으면 다시 내리는 이 비가
흔들리는 잎에 앉아
몇 초를 버티지 못하고
떨어진 후 흐르는 물줄기 따라
바다로 간다는 사실을 안다면
이 비를 맞는 건 슬픈 일이 아닐 겁니다
그대가 채워준 날이
구름으로 맺혀 하늘만 그리다
장마라는 이유로 내리니
이 비가 숨겨온 구름의 힘겨움 같아
마음도 빗물이 되어 내립니다
그대를 채웠던 마음이
버틸 수 없는 하루 동안만
가벼워져서 바람으로 쉬이 날리는 구름이 된다면
오늘 그대가 장마라 하여도
이 비를 맞으며 미소를 그리겠습니다

누구를 위한 종소리냐

너는 누구의 심장이며
울림으로 태어나
피맺힌 한을 풀어내느냐
온 몸의 한을 풀어내며
그토록 전하고자 하는 울림은
앞산이 지우고 말았다
평생을 울림으로 살아도
어느 누구도 들어주지 않았다
그래도 멈출 수 없는 건
언젠가 앞산을 떠난 메아리가
그대의 귓가로 들려올 때
그 울림 그 안에
그대도 있지 않을까
길을 가다
무심히 들려오는 종소리가
애절하다

제자의 아픔

어디까지가 고통의 끝입니까
당신은
감당할 수 있는 고통으로
버무리는 그쯤이야
한 방울의 눈물로도
이 시간이 천만근의 고통일 따름입니다
왜 당신은 그래야 했습니까
아직은 여린 손을 떼라 하시니
닥쳐올 세상이 두렵습니다
무엇하나 정리되지 않는 마음이
큰 고통을 받쳐 들기엔
하늘도 무너져 내립니다
사랑함으로 사랑을 시샘하시는
당신의 끈질긴 질투에 못 이겨
날개옷 입고 저 하늘이 되라하시는
이제 어떻게 해야 합니까
고통을 여린 마음이 감내하라니
낮에는 하늘의 빛깔로 내려다보고
밤에는 별이 되어 머무는 것으로
한 제자의 마음을 위로하라 하시니
너무도 야속합니다
어떤 말도 잃어버렸습니다
있어도 할 수가 없습니다

그저 등 토닥여주는 것으로
여린 가슴이 위로라도 되었으면 합니다
당신이 주신 고통
감내하라면 하겠지만
부디 버틸 힘만은 제자에게 주실 거라
간절히 기도합니다

그대였으면 좋겠다

어떤 한 사람을 바라봐야 한다면
그대였으면 좋겠다

어떤 한 사람을 사랑해야 한다면
그때도
그대였으면 좋겠다

잊혀지는 기억 속에
잊혀지지 않기를 소망하는 사람이
그대였으면 좋겠다

기억상실증에 걸려서 세상을 다 지운 후
불현듯 기억이 돌아왔을 때
그때도
기억나는 사람이
그대였으면 좋겠다

철길 위를 노래하는 기차를 타고

철길 위를

노래하는 기차를 타고

잠든 새벽을 깨워

심심했던 하늘에 별도 달고

잠들었던 달나라 토끼도 깨워

지난 날의 얘기도 나누고

마음에 출렁이는 그리움이

굳어버린 심장을 때려

철길 위를 미끄러지듯 굴러가는

사랑의 노래가 우렁차다

거친 숨 몰아쉬며

그대에게 가는 것이

사랑인 줄 알았다

창가로 스쳐가는 풍경이

배경이 되는 줄도 모르고

있는 힘껏 그대에게 내닫는 것이

사랑인 줄 알았다

한참을 달린 후에

멈춰서야 하는

간이역이 있는 줄도 모르고

잠들었다 눈 떴을 때

기차는 달리고 있었고

간이역에 그대가 내렸다는 걸

알았을 땐

차가운 쇳덩이만 철길 위를

달리고 있었다